marmiton

10 EUROS
et c'est tout !

100 % certifié fait maison

DÉFI RELEVÉ EN 60 RECETTES

Michel Lafon

Sommaire

AVEC DU POISSON

VEGGIE PARTY

ON OSE LE MÉLANGE DE SAVEURS !

DES DESSERTS EXQUIS À PETITS PRIX

Un plat pour 4 à moins de 10 € ?

PAR ICI LES ASTUCES !

FAITES VOTRE LISTE… ET NE LA LÂCHEZ PAS !

Avant de foncer faire vos courses, notez ce dont vous avez vraiment besoin pour vos recettes. En préparant une liste, vous éviterez les achats impulsifs qui alourdissent l'addition et qui sont propices au gaspillage. En plus, vous pourrez vous organiser en fonction des offres en cours et des produits en promotion !

VIVE LES CONSERVES ET LES SURGELÉS !

Les produits frais, c'est génial, mais n'oubliez pas les conserves et les surgelés, qui peuvent être des alliés précieux. Des légumes en boîte pour une poêlée rapide, des poissons surgelés pour une recette savoureuse… Ils sont non seulement pratiques, mais aussi souvent plus économiques et se conservent longtemps.

DES ALIMENTS DÉCLINABLES DANS TOUS LES PLATS

Pensez aux aliments qui peuvent servir dans plusieurs plats, chauds, froids, en salade ou en gratin, etc. : les œufs, les pommes de terre, le riz, ou encore les légumes de saison. Ces ingrédients se cuisinent facilement et permettent de varier les plaisirs sans trop dépenser.

LES RESTES, VOTRE ATOUT ANTIGASPI

Cuisiner malin, c'est aussi apprendre à transformer les restes ! Un peu de riz de la veille ? Transformez-le en riz sauté asiatique ! Des légumes cuits ? Pourquoi ne pas les incorporer dans une soupe ou une quiche rapide ? Pas de déchets, pas de gâchis !

SIMPLIFIEZ LA LISTE DES INGRÉDIENTS

Pas besoin de dizaines d'ingrédients pour une recette savoureuse. Misez sur quelques produits de qualité et des épices, et le tour est joué ! Moins d'ingrédients, c'est moins de dépenses et souvent plus de saveur.

LES PLATS FAMILIAUX : ÉCONOMIQUES ET CONVIVIAUX

Pour rester dans le budget, les plats familiaux comme les woks de légumes, les currys, les gratins ou les soupes sont parfaits. Ce type de plats permet de cuisiner en grande quantité et de nourrir toute la famille en une seule préparation.

PLANIFIEZ, ÇA CHANGE TOUT !

Si vous le pouvez, prenez un peu de temps pour planifier les repas de la semaine, vous saurez exactement ce qu'il vous faut pour chaque recette, ce qui limite les achats superflus… et allège la charge mentale !

RECETTES

SYMPAS LES SALADES-REPAS !

Salade de lentilles, COURGETTES ET FETA

PAR btiz

Pour	Préparation	Cuisson	Difficulté	Coût
4 personnes	**20 minutes**	**25 minutes**	**Très facile**	**Bon marché**

INGRÉDIENTS

300 g de lentilles vertes

1 courgette

1 poivron rouge

1 oignon rouge

100 g de feta

Persil

Huile d'olive

Pour la vinaigrette :

4 cuil. à soupe d'huile de tournesol

2 cuil. à soupe de vinaigre balsamique

1 cuil. à soupe de miel (facultatif)

1 pincée de curry en poudre

Sel, poivre

1. Faites cuire les lentilles dans 2 fois leur volume d'eau le temps indiqué sur le paquet (elles doivent être al dente).
2. Égouttez les lentilles et laissez-les refroidir.
3. Pendant ce temps, lavez la courgette et le poivron et coupez-les en morceaux.
4. Pelez et ciselez l'oignon.
5. Faites dorer les morceaux de courgette à la poêle dans de l'huile d'olive ; elles doivent rester croquantes.
6. Préparez la vinaigrette dans un saladier en mélangeant les ingrédients.
7. Ajoutez les lentilles dans le saladier, remuez, puis ajoutez les courgettes, les poivrons et les oignons, et mélangez délicatement.
8. Émiettez la feta au-dessus et parsemez de persil ciselé.

ASTUCE

Vous pouvez aussi faire griller les poivrons entiers au four et les peler.

RECETTE

SYMPAS LES SALADES-REPAS !

Salade de fusilli,

MELON, JAMBON CRU ET MOZZARELLA

PAR julia_16588688

Pour **4 personnes**

Préparation **15 minutes**

Cuisson **10 minutes**

Difficulté **Très facile**

Coût **Moyen**

INGRÉDIENTS

300 g de fusilli

1 melon de Cavaillon

200 g de jambon de Parme

150 g de billes de mozzarella

3 cuil. à soupe d'huile d'olive

1 cuil. à soupe de vinaigre balsamique blanc

Quelques feuilles de basilic

Sel, poivre

1. Faites cuire les pâtes dans de l'eau bouillante salée le temps indiqué sur le paquet (elles doivent être al dente).
2. Pendant ce temps, coupez le melon en deux et épépinez-le.
3. Avec une cuillère parisienne, prélevez des billes de melon.
4. Détaillez le jambon en lanières.
5. Déposez le melon et le jambon dans un saladier ainsi que les billes de mozzarella.
6. Égouttez les pâtes, puis rincez-les à l'eau froide et laissez-les refroidir.
7. Ajoutez les pâtes dans le saladier, puis l'huile d'olive et le vinaigre, du sel et du poivre.
8. Mélangez avant de servir froid, parsemé de basilic ciselé.

L'INDISPENSABLE

1 cuillère parisienne

Bo Bun végétarien

Pour	Préparation	Cuisson	Difficulté	Coût
4 personnes	20 minutes	5 minutes	Facile	Bon marché

INGRÉDIENTS

200 g de soba (nouilles de sarrasin)

100 g de vermicelles de riz

1 poivron rouge

1/4 de chou rouge

2 carottes

6 radis

2 oignons nouveaux

1 bouquet de menthe

3 cuil. à soupe de cacahuètes grillées

Graines de sésame noir

Pour la sauce :

1 citron vert

2 cuil. à soupe d'huile de sésame

2 cuil. à soupe de nuoc-mâm

1. Faites cuire les soba et les vermicelles de riz dans de l'eau bouillante selon les indications portées sur leur paquet, puis égouttez-les et rincez-les à l'eau froide pour les refroidir.
2. Lavez et coupez le poivron en fines lanières (retirez les pépins et les membranes blanches). Émincez le chou. Pelez et coupez les carottes en bâtonnets. Rincez et coupez les radis en rondelles.
3. Préparez la sauce. Pressez le citron vert. Mélangez l'huile de sésame, le jus du citron et le nuoc-mâm dans un petit bol.
4. Émincez les oignons nouveaux. Rincez et ciselez la menthe. Concassez les cacahuètes. Réservez le tout.
5. Répartissez les nouilles, les vermicelles de riz et les légumes dans quatre grands bols. Ajoutez de la sauce, de la menthe ciselée, des cacahuètes concassées et les oignons nouveaux. Parsemez de graines de sésame noir et servez sans attendre.

ASTUCES

Servez les radis restants en apéritif avec un pesto maison réalisé à partir de leurs fanes, de parmesan, d'ail, de pignons et d'huile d'olive.

LES INDISPENSABLES

4 grands bols

Salade de haricots verts,

NECTARINES, POMMES DE TERRE ET ŒUF DUR

Pour	Préparation	Cuisson	Difficulté	Coût
4 personnes	**15 minutes**	**28 minutes**	**Facile**	**Bon marché**

INGRÉDIENTS

400 g de haricots verts frais

2 nectarines

4 pommes de terre moyennes

4 œufs

Quelques feuilles de basilic

1 cuil. à soupe de graines de sésame blanc (facultatif)

1 ½ cuil. à soupe d'huile d'olive

Pour la vinaigrette :

5 cuil. à soupe d'huile d'olive

2 cuil. à soupe de vinaigre balsamique

Sel, poivre

1. Préchauffez le four à 180 °C (th. 6). Lavez et coupez les nectarines en tranches. Placez-les sur une plaque de cuisson recouverte de papier cuisson, arrosez-les avec 1 cuil. à soupe d'huile d'olive et enfournez pour 10 min.
2. Faites cuire les haricots verts dans une casserole d'eau bouillante salée 8 min. Égouttez-les et passez-les sous l'eau froide pour les rafraîchir.
3. Lavez et épluchez les pommes de terre, puis coupez-les en cubes. Faites chauffer 1 cuil. à soupe d'huile d'olive dans une poêle et faites revenir les pommes de terre environ 10 min, jusqu'à ce qu'elles soient dorées. Salez et poivrez.
4. Faites cuire les œufs dans une casserole d'eau bouillante 10 min. Écalez-les et coupez-les en deux.
5. Mélangez les haricots verts, les pommes de terre sautées, les œufs durs et les nectarines rôties dans un saladier. Parsemez de feuilles de basilic et, éventuellement, de graines de sésame.
6. Préparez la vinaigrette. Mélangez l'huile d'olive, le vinaigre balsamique, du sel et du poivre, puis versez-la sur la salade avant de servir.

ASTUCE :
Pour une version hivernale, remplacez les nectarines par des quartiers de pomme rôtis.

Poke bowl veggie

Pour	Préparation	Cuisson	Difficulté	Coût
4 personnes	**10 minutes**	**10 minutes**	**Très facile**	**Bon marché**

INGRÉDIENTS

300 g de riz basmati

2 patates douces

4 cuil. à café d'huile d'arachide, de sésame ou neutre

1 avocat mûr

1 carotte

8 petits radis

1 concombre

2 oignons nouveaux

Quelques brins de coriandre

Sel, poivre

1. Rincez le riz et faites-le cuire dans 2 fois son volume d'eau salée, puis égouttez-le.
2. Pelez les patates douces, coupez-les en rondelles et faites-les dorer et cuire à la poêle, dans l'huile, en retournant souvent les rondelles. Salez et poivrez.
3. Pelez la carotte et coupez-la en fins bâtonnets. Coupez également les radis et le concombre en bâtonnets.
4. Pelez l'avocat et coupez-le en lamelles. Ciselez l'oignon vert et lavez la coriandre.
5. Disposez le riz dans le fond d'un grand bol, puis disposez dessus, en cercle, les rondelles de patate douce, la carotte, l'avocat, le concombre, les radis et l'oignon vert.
6. Parsemez de quelques feuilles de coriandre.

ASTUCE
Vous pouvez ajouter des graines de pavot, de sésame et de chia, riches en vitamines et oligoéléments.

Salade de boulgour, FÈVES, TOMATES ET FETA

Pour	Préparation	Cuisson	Difficulté	Coût
4 personnes	**15 minutes**	**15 minutes**	**Très facile**	**Bon marché**

INGRÉDIENTS

300 g de boulgour

50 g de fèves écossées

16 tomates cerise

100 g de feta

1 bouquet de persil

4 cuil. à soupe de vinaigre de xérès

4 cuil. à soupe d'huile d'olive

1. Dans une casserole, faites cuire le boulgour 10 min dans deux fois son volume d'eau bouillante salée. Coupez le feu, couvrez et laissez les graines absorber le reste du liquide pendant 5 min. Rincez le boulgour à l'eau froide et égouttez-le bien.
2. Pendant ce temps, plongez les fèves dans une casserole d'eau bouillante salée et faites-les cuire 15 min après la reprise de l'ébullition. Égouttez-les et rincez-les à l'eau froide pour stopper la cuisson.
3. Lavez et coupez les tomates cerise en deux.
4. Émiettez la feta à la fourchette.
5. Lavez et séchez le persil.
6. Mélangez le boulgour avec les fèves, les tomates, la feta et les feuilles de persil dans un grand saladier. Versez le vinaigre de xérès et l'huile d'olive, mélangez bien.

RECETTE

SYMPAS LES SALADES-REPAS !

Salade de pâtes
AUX LÉGUMES VERTS

Pour	Préparation	Cuisson	Difficulté	Coût
4 personnes	**25 minutes**	**35 minutes**	**Facile**	**Bon marché**

INGRÉDIENTS

250 g de pâtes au choix
1 brocoli
200 g de haricots verts
200 g de haricots plats
200 g de petits pois écossés
1 oignon
1 gousse d'ail
Huile d'olive
Sel, poivre

1. Dans une casserole, faites cuire les pâtes à l'eau bouillante salée le temps indiqué sur le paquet (elles doivent être al dente). Rincez-les à l'eau froide et égouttez-les bien.
2. Lavez le brocoli et détaillez-le en fleurettes. Faites-les cuire 5 min à la vapeur (elles doivent rester croquantes), puis rincez-les à l'eau froide pour stopper la cuisson et égouttez-les bien.
3. Lavez et équeutez les haricots verts et les haricots plats. Faites-les cuire avec les petits pois 10 à 15 min à l'eau bouillante salée (ils doivent rester croquants) dans une grande casserole. Rincez-les à l'eau froide pour stopper la cuisson et égouttez-les bien.
4. Pelez et émincez l'oignon. Faites-le revenir rapidement à la poêle, avec un filet d'huile d'olive, jusqu'à ce qu'il soit tendre et légèrement doré.
5. Pelez et hachez l'ail.
6. Lavez et séchez les feuilles de basilic.
7. Mélangez les pâtes, le brocoli, les haricots, les petits pois, l'oignon, l'ail et le basilic dans un grand bol ou une assiette creuse.
8. Arrosez d'un filet d'huile d'olive, salez, poivrez et dégustez.

ASTUCES

La petite touche en plus : ajoutez 100 g de lardons revenus à la poêle sans matière grasse.

Si vous avez un bouquet ou un plant de basilic, ajoutez quelques feuilles fraîchement coupées et lavées à votre plat, juste avant de servir.

Salade de crevettes, PAMPLEMOUSSE ET CONCOMBRE

Pour **4 personnes**

Préparation **15 minutes**

Difficulté **Très facile**

Coût **Bon marché**

INGRÉDIENTS

300 g de crevettes cuites décortiquées

1 pamplemousse rose

1 concombre

½ oignon rouge

50 g de jeunes pousses de salade

2 cuil. à soupe d'aneth ciselé

Pour la vinaigrette :

2 cuil. à soupe d'huile d'olive

1 cuil. à soupe de vinaigre balsamique

1 cuil. à café de miel

Sel, poivre

1. Préparez la vinaigrette. Mélangez l'huile d'olive, le vinaigre balsamique et le miel dans un bol. Salez et poivrez, puis réservez.
2. Pelez le pamplemousse à vif et détachez les quartiers en retirant les membranes blanches.
3. Lavez (et épluchez si vous le souhaitez) le concombre et coupez-le en rondelles. Épluchez et émincez finement l'oignon rouge.
4. Mélangez les jeunes pousses de salade, les crevettes, les quartiers de pamplemousse, le concombre et l'oignon rouge dans un saladier. Ajoutez l'aneth ciselé.
5. Versez la vinaigrette sur la salade et mélangez délicatement.
6. Servez frais et dégustez immédiatement.

ASTUCE
Conservez le demi-oignon rouge restant dans un film alimentaire ou un contenant hermétique au réfrigérateur, et utilisez-le dans une salade, une omelette, ou pour garnir un sandwich dans les deux jours suivant la découpe pour préserver sa fraîcheur.

Salade de haricots rouges, CONCOMBRE, RADIS ET POULET PANÉ

Pour	Préparation	Cuisson	Difficulté	Coût
4 personnes	**15 minutes**	**10 minutes**	**Facile**	**Bon marché**

INGRÉDIENTS

200 g de haricots rouges en conserve

1 concombre

1 botte de radis

300 g de filets de poulet

150 g de quinoa rouge

2 cuil. à soupe de farine

1 œuf

4 cuil. à soupe de chapelure

1 oignon rouge

50 g de jeunes pousses de salade

Huile d'olive

Pour la vinaigrette :

3 cuil. à soupe d'huile d'olive

1 cuil. à soupe de vinaigre de cidre

Sel, poivre

1. Rincez et égouttez les haricots rouges.
2. Faites cuire le quinoa 10 min dans une casserole d'eau bouillante salée. Égouttez et laissez refroidir.
3. Préparez le poulet pané. Mettez la farine dans une première assiette creuse, battez l'œuf dans une deuxième et déposez la chapelure dans une troisième. Passez les filets de poulet dans la farine, puis dans l'œuf et enfin dans la chapelure. Faites chauffer une poêle avec 1 cuil. à soupe d'huile d'olive et faites revenir le poulet 5 à 10 min, jusqu'à ce qu'il soit doré sur toutes les faces. Réservez.
4. Épluchez et coupez le concombre en rondelles. Nettoyez et coupez les radis en deux dans la longueur. Épluchez et émincez l'oignon rouge.
5. Mélangez le quinoa, les haricots rouges, les rondelles de concombre, les radis, les jeunes pousses de salade et l'oignon rouge dans un saladier. Ajoutez le poulet pané coupé en morceaux.
6. Préparez la vinaigrette. Mélangez l'huile d'olive, le vinaigre de cidre, du sel et du poivre dans un bol. Versez-la sur la salade et mélangez délicatement.

RECETTE

SYMPAS LES SALADES-REPAS !

Salade de maquereau

AUX POMMES DE TERRE

Pour	Préparation	Cuisson	Difficulté	Coût
4 personnes	**35 minutes**	**25 minutes**	**Facile**	**Bon marché**

INGRÉDIENTS

4 filets de maquereaux frais

600 g de pommes de terre

2 carottes

1 bouquet de ciboulette

Huile d'olive

Pour la mayonnaise au curry :

1 cuil. à café de moutarde

1 jaune d'œuf

15 cl d'huile végétale (tournesol ou colza)

1 cuil. à café de vinaigre ou de jus de citron

1 cuil. à café de curry en poudre

Sel, poivre

1. Nettoyez les pommes de terre et faites-les cuire dans de l'eau bouillante salée 15 min. Égouttez-les, laissez-les refroidir légèrement, puis coupez-les en rondelles épaisses sans les peler.
2. Préchauffez le four à 180 °C (th. 6). Déposez les filets de maquereaux sur une plaque de cuisson recouverte de papier cuisson, salez et poivrez, puis enfournez pour 10 min. Laissez-les refroidir légèrement, puis coupez-les en quatre.
3. Faites sauter les rondelles de pommes de terre dans une poêle avec un filet d'huile d'olive, jusqu'à ce qu'elles soient dorées. Salez et poivrez, puis réservez.
4. Pelez et râpez les carottes et ciselez la ciboulette.
5. Préparez la mayonnaise au curry. Fouettez le jaune d'œuf avec la moutarde, du sel et du poivre dans un bol. Ajoutez l'huile en filet tout en fouettant jusqu'à obtenir une mayonnaise ferme. Incorporez le vinaigre ou le jus de citron, puis le curry en poudre. Mélangez bien.
6. Mélangez les pommes de terre sautées, les morceaux de maquereaux, les carottes râpées et la ciboulette avec la mayonnaise au curry dans un grand saladier.

LES INDISPENSABLES

1 fouet à main
1 râpe

RECETTES

TIREZ LE MEILLEUR DE VOS BOCAUX ET CONSERVES !

Lorsque vous êtes à court d'idées,
allez fouiner dans vos placards, qui regorgent
à coup sûr de boîtes, conserves et autres bocaux trop
rarement utilisés et à partir desquels vous pourrez
préparer des plats rapides, variés et savoureux !

RECETTE

TIREZ LE MEILLEUR
DE VOS BOCAUX ET CONSERVES !

Chili con carne
EXPRESS

Pour	Préparation	Cuisson	Difficulté	Coût
4 personnes	10 minutes	25 minutes	Très facile	Bon marché

INGRÉDIENTS

400 g de haricots rouges en conserve

400 g de tomates concassées

200 g de sauce tomate cuisinée

400 g de viande de bœuf hachée

1 oignon

1 gousse d'ail

2 cuil. à soupe de piment en poudre (ou de chili en poudre)

1 feuille de laurier

1 cuil. à soupe d'huile d'olive

Sel, poivre

1. Rincez et égouttez les haricots rouges.
2. Pelez et émincez l'oignon et l'ail. Faites chauffer l'huile d'olive à feu moyen dans une grande poêle, puis faites revenir l'oignon et l'ail 2 à 3 min, jusqu'à ce qu'ils soient dorés.
3. Ajoutez la viande hachée et faites-la revenir 5 min, en la séparant bien avec une spatule.
4. Ajoutez les tomates concassées, la sauce tomate, le piment, la feuille de laurier et les haricots rouges égouttés. Mélangez bien.
5. Laissez mijoter le tout à feu doux 15 min, en remuant de temps en temps. Salez et poivrez.
6. Retirez la feuille de laurier et servez chaud, accompagné de riz.

ASTUCE

Si vous cuisinez pour une grande tablée, faites cuire plus de riz, ajoutez des chips tortillas et du guacamole, et voilà une chili party à moindre coût !

RECETTE

TIREZ LE MEILLEUR
DE VOS BOCAUX ET CONSERVES !

Tajine de poulet

AUX POIS CHICHES ET AUX POIVRONS

Pour	Préparation	Cuisson	Difficulté	Coût
4 personnes	15 minutes	40 minutes	Facile	Bon marché

INGRÉDIENTS

400 g de pois chiches en conserve (poids net)

400 g de sauce tomate

4 pilons de poulet

2 poivrons rouges

1 oignon

2 cuil. à café de graines de cumin

1 cuil. à café d'épices pour tajine

½ **bouquet** de coriandre

Huile d'olive

Sel, poivre

1. Préchauffez le four à 180 °C (th. 6).
2. Faites chauffer un filet d'huile dans une cocotte. Faites dorer les pilons de poulet 5 min de chaque côté.
3. Égouttez et rincez les pois chiches.
4. Nettoyez les poivrons, coupez-les en lamelles, et les lamelles en cubes.
5. Épluchez et émincez l'oignon. Ajoutez-le dans la cocotte avec les poivrons coupés en cubes, les pois chiches égouttés, la sauce tomate, les graines de cumin et les épices pour tajine. Salez, poivrez et mélangez bien.
6. Couvrez la cocotte et enfournez pour 35 min, en remuant à mi-cuisson.
7. En fin de cuisson, ajoutez la coriandre ciselée avant de servir bien chaud.

ASTUCE

Pour accompagner ce tajine, optez pour de la semoule, des pommes de terre rôties, du riz parfumé, des carottes à la marocaine ou du chou-fleur rôti, autant de choix économiques et savoureux.

LES INDISPENSABLES

1 cocotte allant au four ou un plat à tajine

Penne aux olives

Pour	Préparation	Cuisson	Difficulté	Coût
4 personnes	10 minutes	20 minutes	Très facile	Bon marché

INGRÉDIENTS

50 g d'olives vertes dénoyautées

50 g d'olives noires dénoyautées

300 g de penne

1 gousse d'ail

6 tomates séchées

1 bouquet de basilic

3 cuil. à soupe d'huile d'olive

Sel, poivre

1. Faites cuire les penne dans une grande casserole d'eau bouillante salée selon le temps indiqué sur le paquet (environ 10 min). Égouttez-les et réservez. Réservez une petite louche d'eau de cuisson dans un bol.
2. Pelez et hachez l'ail. Découpez les tomates séchées en petits morceaux. Lavez et effeuillez le basilic.
3. Chauffez l'huile d'olive à feu moyen dans une grande poêle. Ajoutez l'ail et faites-le revenir 1 à 2 min, sans le laisser colorer.
4. Ajoutez les olives, les tomates séchées et une partie des feuilles de basilic dans la poêle. Mélangez bien et laissez cuire 3 min avec une petite louche d'eau de cuisson des pâtes. Salez et poivrez.
5. Incorporez les penne cuites dans la poêle et mélangez bien pour les enrober de la préparation. Laissez chauffer 2 min supplémentaires.
6. Servez chaud, parsemé des feuilles de basilic frais restantes.

ASTUCE
Vous pouvez remplacer le basilic par de la sauge, qui se marie très bien avec les olives.

RECETTE

TIREZ LE MEILLEUR
DE VOS BOCAUX ET CONSERVES !

Mini-gratins de crabe

Pour	Préparation	Cuisson	Difficulté	Coût
4 personnes	10 minutes	15 minutes	Très facile	Bon marché

INGRÉDIENTS

150 g de crabe en conserve (poids net)

1 cuil. à café de jus de citron

2 œufs

10 cl de crème fraîche

50 g d'emmental râpé

10 g de beurre

Sel, poivre

1. Préchauffez le four à 180 °C (th. 6).
2. Égouttez le crabe et émiettez-le dans un bol. Réservez quelques miettes pour la décoration et ajoutez le jus de citron au reste.
3. Fouettez les œufs avec la crème fraîche et l'emmental râpé dans un petit saladier. Salez et poivrez.
4. Incorporez délicatement le crabe à la préparation.
5. Versez le mélange dans des petits ramequins individuels préalablement beurrés.
6. Placez les ramequins au four et laissez cuire 15 min, jusqu'à ce que les gratins soient bien dorés.
7. Au moment de servir, saupoudrez chaque gratin des miettes de crabe réservées et d'un peu de poivre. Servez tiède ou froid.

LES INDISPENSABLES

1 fouet à main
4 ramequins

ASTUCE

Vous pouvez remplacer le crabe par du thon en conserve pour une version encore plus économique et tout aussi savoureuse.

Quiche à la ratatouille ET AU FROMAGE BLANC

Pour	Préparation	Cuisson	Difficulté	Coût
4 personnes	10 minutes	30 minutes	Très facile	Bon marché

INGRÉDIENTS

400 g de ratatouille en conserve

1 pâte brisée

3 œufs

200 g de fromage blanc

50 g d'emmental râpé

Sel, poivre

1. Préchauffez le four à 180 °C (th. 6).
2. Étalez la pâte brisée dans un moule à tarte et piquez le fond avec une fourchette.
3. Battez les œufs avec le fromage blanc dans un saladier. Ajoutez la ratatouille en boîte, mélangez bien, puis salez et poivrez.
4. Versez la préparation sur la pâte, puis saupoudrez d'emmental râpé.
5. Enfournez 30 min, jusqu'à ce que la quiche soit bien dorée.
6. Laissez tiédir quelques minutes avant de servir.

ASTUCE
Une quiche au fromage blanc sera beaucoup plus légère qu'une quiche traditionnelle cuisinée à la crème fraîche.

Risotto aux petits pois
ET À LA MENTHE

Pour	Préparation	Cuisson	Difficulté	Coût
4 personnes	10 minutes	25 minutes	Très facile	Bon marché

INGRÉDIENTS

400 g de petits pois en conserve

250 g de riz pour risotto

Quelques brins de menthe

1 oignon

1 cube de bouillon de légumes

50 g de parmesan râpé

2 cuil. à soupe d'huile d'olive

Sel, poivre

1. Épluchez et émincez l'oignon.
2. Faites chauffer l'huile d'olive à feu moyen dans une grande poêle et faites-y revenir l'oignon jusqu'à ce qu'il soit translucide, environ 3 min.
3. Ajoutez le riz et faites-le revenir 2 min, en remuant jusqu'à ce qu'il devienne translucide.
4. Dissolvez le cube de bouillon dans 1 l d'eau chaude. Versez le bouillon petit à petit sur le riz, en ajoutant une louche à la fois, et laissez cuire en remuant souvent jusqu'à absorption complète du liquide, environ 18 min.
5. En fin de cuisson, incorporez les petits pois égouttés et laissez cuire encore 2 min.
6. Ajoutez les feuilles de menthe ciselées, le parmesan, salez éventuellement (goûtez avant, le parmesan est salé) et poivrez. Mélangez bien et servez chaud.

ASTUCES

S'il vous reste du risotto, façonnez-le en petites boulettes en plaçant un peu de fromage râpé au centre pour plus de gourmandise. Roulez chaque boulette dans de la farine, puis dans un œuf battu et enfin dans de la chapelure. Faites-les frire dans une poêle avec un fond d'huile bien chaude, jusqu'à ce qu'elles soient dorées et croustillantes, comme des arancini.

Cette recette se fait également très bien avec des petits pois congelés.

RECETTE

TIREZ LE MEILLEUR
DE VOS BOCAUX ET CONSERVES !

Petit salé aux lentilles EXPRESS

Pour	Préparation	Cuisson	Difficulté	Coût
4 personnes	10 minutes	15 minutes	Très facile	Bon marché

INGRÉDIENTS

400 g de lentilles en boîte (poids net)

4 tranches de lard

2 oignons nouveaux

Quelques brins de persil

Pour la sauce :

1 cuil. à soupe de moutarde

3 cuil. à soupe d'huile d'olive

1 cuil. à soupe de vinaigre

Sel, poivre

1. Égouttez et rincez les lentilles.
2. Émincez les oignons nouveaux et hachez le persil. Réservez-en un peu pour la garniture.
3. Faites revenir les tranches de lard dans une poêle à feu moyen sans matière grasse environ 5 min. Retirez-les de la poêle, puis découpez-les en morceaux.
4. Ajoutez les lentilles égouttées dans la poêle et faites chauffer 5 min en remuant.
5. Préparez la sauce. Mélangez la moutarde, l'huile d'olive et le vinaigre dans un bol. Ajoutez la moitié des oignons nouveaux et du persil haché. Salez, poivrez, puis fouettez bien pour émulsionner le tout.
6. Mélangez les lentilles et les morceaux de lard avec la sauce, remuez délicatement et laissez mijoter à feu doux 5 min. Servez chaud en saupoudrant du reste de persil et d'oignons nouveaux.

L'INDISPENSABLE

1 fouet à main

ASTUCE

Pour un plat plus consistant, vous pouvez ajouter des pommes de terre vapeur ou encore des saucisses bon marché comme des saucisses de Strasbourg, de Morteau ou des chipolatas, coupées en morceaux et réchauffées avec les lentilles.

RECETTE

TIREZ LE MEILLEUR
DE VOS BOCAUX ET CONSERVES !

Pissaladière

Pour	Préparation	Cuisson	Difficulté	Coût
4 personnes	**30 minutes**	**15 minutes**	**Facile**	**Bon marché**

INGRÉDIENTS

300 g d'anchois à l'huile en bocal

400 g de pâte à pain

Huile d'olive

1 kg d'oignons

Poivre

Herbes de Provence

2 cuil. à soupe de sucre en poudre

15 petites olives noires

L'INDISPENSABLE

1 poêle à bord haut

1. Faites chauffer 5 cuil. à soupe d'huile d'olive dans une grande poêle à bord haut.
2. Émincez les oignons et mettez-les dans la poêle bien chaude. Ajoutez du poivre, des herbes de Provence et le sucre en poudre (indispensable pour éliminer l'acidité de l'oignon). Ne salez surtout pas, car les anchois sont très salés.
3. Réservez quelques filets d'anchois et mettez le reste dans la poêle avec les oignons. Les anchois vont fondre et se mélanger aux oignons. Ajoutez 1 cuil. à soupe de l'huile des anchois dans la poêle.
4. Faites revenir les oignons jusqu'à ce qu'ils soient légèrement dorés.
5. Préchauffez le four à 220 °C (th. 7-8). Étalez la pâte à pain sur une plaque allant au four huilée à l'huile d'olive.
6. Versez votre préparation aux oignons sur la pâte et répartissez dessus le reste d'anchois et les olives noires.
7. Enfournez la pissaladière. La cuisson est rapide : surveillez bien les bords de la pissaladière et sortez-la du four dès qu'ils sont cuits.
8. La pissaladière se déguste froide.

ASTUCES

Accompagnez votre pissaladière d'une salade frisée bien relevée.

Ou dégustez-la en petites portions à l'apéritif, avec un rosé bien frais.

RECETTE

TIREZ LE MEILLEUR DE VOS BOCAUX ET CONSERVES !

Spaghettis aux tomates cerise ET AUX SARDINES

Pour	Préparation	Cuisson	Difficulté	Coût
4 personnes	10 minutes	15 minutes	Très facile	Bon marché

INGRÉDIENTS

1 boîte de sardines à l'huile (120 g)

100 g de poivrons rouges en bocal (poids net)

400 g de spaghettis

200 g de tomates cerise

2 brins d'aneth

2 cuil. à soupe d'huile d'olive

Sel, poivre

1. Faites cuire les spaghettis dans une grande casserole d'eau bouillante salée selon les indications du paquet.
2. Pendant ce temps, lavez les tomates cerise et coupez-les en deux. Coupez les poivrons en lamelles. Coupez les sardines en morceaux.
3. Faites chauffer l'huile d'olive à feu moyen dans une grande poêle. Ajoutez les sardines émiettées et les lamelles de poivron, puis faites revenir 5 min en remuant délicatement.
4. Incorporez les spaghettis égouttés dans la poêle avec les tomates cerise. Mélangez bien, salez et poivrez.
5. Servez les spaghettis dans les assiettes et parsemez de feuilles d'aneth frais juste avant de déguster.

ASTUCES

Pour une touche légèrement citronnée, ajoutez le zeste d'un citron en fin de cuisson, ou remplacez l'aneth par du persil pour une saveur plus douce.

Remplacez les sardines par des maquereaux en conserve, souvent moins chers, pour un goût tout aussi savoureux.

RECETTE

TIREZ LE MEILLEUR DE VOS BOCAUX ET CONSERVES !

Tarte thon, TOMATES ET MOUTARDE

PAR aletse

Pour	Préparation	Réfrigération	Difficulté	Coût
4 personnes	**15 minutes**	**1 heure**	**Très facile**	**Bon marché**

INGRÉDIENTS

1 boîte de thon au naturel (240 g)

1 pâte feuilletée

2 cuil. à soupe de moutarde forte

2 tomates

100 g de tomates cerise

2 œufs

20 cl de crème fraîche

3 cuil. à soupe de lait

Sel, poivre

1. Préchauffez le four à 200 °C (th. 6-7).
2. Étalez la pâte dans un moule beurré ou couvert de papier cuisson. Piquez le fond à la fourchette, puis recouvrez de moutarde.
3. Émiettez le thon et répartissez-le sur le fond de pâte.
4. Coupez les grosses tomates en rondelles et les tomates cerise en deux. Disposez-les sur le thon.
5. Battez les œufs avec la crème et le lait dans un bol, salez et poivrez.
6. Versez la préparation précédente dans le moule et enfournez pour environ 40 min, jusqu'à ce que la tarte soit dorée. Servez chaud ou froid.

ASTUCE

Parsemez la tarte d'herbes aromatiques fraîches : thym, basilic, menthe...

Rillettes de maquereaux FACILES

Pour	Préparation	Réfrigération	Difficulté	Coût
4 personnes	15 minutes	1 heure	Facile	Bon marché

INGRÉDIENTS

2 boîtes de maquereaux au vin blanc

10 cl de crème fraîche

1 cuil. à soupe de moutarde

1 cuil. à soupe d'écorce de citron confit

3 cornichons

1 cuil. à soupe d'aneth ciselé

Sel

1. Émiettez les maquereaux en retirant les arêtes.
2. Incorporez la crème, la moutarde, l'écorce de citron et les cornichons coupés en tout petits dés, puis l'aneth dans un bol et mélangez.
3. Salez et réservez au frais 1 h avant de servir.

ASTUCES

Servez avec des toasts et des quartiers de citron.

Conservez les rillettes au réfrigérateur dans un pot hermétique, consommez-les dans les 5 jours qui suivent leur préparation et evitez au maximum les changements de température.

Les protéines végétales

SONT VOS ALLIÉES !

Les protéines ne sont pas uniquement présentes dans les viandes et les produits d'origine animale. Saviez-vous que les végétaux peuvent aussi vous apporter les nutriments dont vous avez besoin ? Manger des protéines végétales, c'est bon pour la santé et pour le porte-monnaie ! Elles permettent de varier son alimentation tout en respectant la planète. De plus, elles se prêtent à de nombreuses recettes simples, nourrissantes et délicieuses.

TOFU ET TEMPEH S'INVITENT DANS VOS ASSIETTES

Issues du soja, ces alternatives végétales sont parfaites pour remplacer la viande dans vos recettes. Le tofu, avec son goût neutre, s'adapte à toutes les sauces : sauté avec des légumes, mariné dans des épices ou encore émietté dans une salade. Le tempeh, de son côté, a une saveur plus prononcée, rappelant parfois le champignon. Essayez-le poêlé avec des légumes ou en cubes dans un curry. Ce sont des ingrédients riches en protéines qui, bien préparés, deviennent de véritables atouts dans votre cuisine.

LES LÉGUMINEUSES, STARS DES PROTÉINES VÉGÉTALES

Lentilles, pois chiches, haricots rouges, pois cassés… Ces petites merveilles regorgent de protéines, de fibres et de minéraux. Pour les préparer, rien de plus simple : un temps de trempage pour certaines (les pois chiches ou haricots secs, par exemple) et une cuisson à l'eau qui ne demande qu'un peu de patience. Elles se prêtent à de multiples plats économiques comme les dahl de lentilles, les soupes de pois cassés ou encore les houmous de pois chiches.

DES FRUITS SECS ET DES GRAINES TOUT AU LONG DE LA JOURNÉE

Les protéines végétales se cachent aussi dans des produits que l'on connaît bien : les amandes, les noisettes et les graines de tournesol ou de sésame. Ces petites bombes de nutriments sont idéales en complément dans vos salades ou pour agrémenter un plat de pâtes. Elles sont aussi parfaites pour des en-cas sains et nourrissants. Les fruits secs et les graines sont faciles à conserver et à transporter, ce qui en fait des alliés pratiques et économiques.

L'ALLIANCE PARFAITE : LÉGUMINEUSES + CÉRÉALES

L'association de légumineuses et de céréales (comme le riz, les pâtes ou le boulgour) permet d'obtenir une protéine complète, contenant tous les acides aminés essentiels. C'est l'astuce des plats traditionnels comme le chili sin carne (haricots rouges et riz) ou le couscous aux pois chiches. Non seulement ces plats sont délicieux, mais ils sont aussi parfaitement équilibrés et nourrissants. Un vrai plus pour la cuisine végétale !

BON POUR LA PLANÈTE, BON POUR LE BUDGET

Les protéines végétales sont moins chères que la viande, tout en étant aussi rassasiantes. En introduisant régulièrement des légumineuses, des céréales et des produits à base de soja dans votre alimentation, vous faites du bien à votre portefeuille et à l'environnement… puisque l'élevage coûte cher à la planète (émission de gaz à effet de serre, surconsommation d'eau, déforestation…). C'est une façon simple et savoureuse de consommer des protéines tout en prenant soin de notre planète. Le fameux cercle vertueux !

RECETTES AVEC DE LA VIANDE

RECETTE

AVEC DE LA VIANDE

Cake au jambon cru ET AUX CHAMPIGNONS

Pour	Préparation	Cuisson	Difficulté	Coût
4 personnes	**30 minutes**	**35 minutes**	**Très facile**	**Bon marché**

INGRÉDIENTS

170 g de jambon cru
300 g de champignons
110 g d'emmental
4 brins de persil
230 g de farine
½ **sachet** de levure chimique
4 œufs
10 cl d'huile d'olive
1 ½ **cuil. à soupe** de moutarde
35 g de beurre + pour le moule
Sel, poivre

1. Préchauffez le four à 200 °C (th. 6-7).
2. Coupez le jambon et l'emmental en tout petits dés.
3. Lavez et émincez les champignons.
4. Faites-les revenir dans une poêle avec le beurre, puis laissez étuver quelques minutes à feu doux.
5. Ciselez le persil.
6. Mélangez la farine et la levure dans un saladier.
7. Battez les œufs en omelette dans un bol, puis incorporez l'huile d'olive et la moutarde. Salez et poivrez.
8. Versez le tout petit à petit dans le saladier en remuant pour obtenir une pâte lisse.
9. Incorporez enfin le jambon, les champignons, l'emmental et le persil.
10. Beurrez un moule à cake, puis versez-y la préparation.
11. Enfournez pour environ 30 min. Servez tiède ou froid.

ASTUCE
Accompagné d'une salade verte, le reste de cake sera une parfaite entrée du lendemain.

RECETTE

AVEC DE LA VIANDE

Tarte aux poireaux
ET AUX LARDONS

Pour	Préparation	Cuisson	Difficulté	Coût
4 personnes	**25 minutes**	**25 minutes**	**Facile**	**Bon marché**

INGRÉDIENTS

Pour la garniture :

3 poireaux

200 g de lardons

Beurre

3 œufs

25 cl de crème fraîche

100 g d'emmental râpé

Sel, poivre

Pour la pâte :

250 g de farine

140 g de beurre mou

1. Préchauffez le four à 210 °C (th. 7). Beurrez un moule à tarte ou couvrez-le de papier cuisson.
2. Préparez la pâte : dans un saladier, malaxez la farine, le beurre ramolli et 2 cuil. à soupe d'eau. Formez une boule et étalez-la au rouleau à pâtisserie entre deux feuilles de papier cuisson.
3. Déposez la pâte dans le moule, puis égalisez les bords au couteau.
4. Nettoyez et coupez les poireaux en rondelles. Faites-les dorer dans un peu de beurre.
5. Dans une autre poêle, faites dorer les lardons sans matière grasse. Épongez avec un papier absorbant pour retirer l'excès de gras avant de les ajouter aux poireaux.
6. Mélangez les œufs, la crème, du sel et du poivre dans un bol, puis incorporez 50 g d'emmental.
7. Étalez les poireaux aux lardons sur la pâte. Couvrez avec la préparation précédente, et enfournez pour 25 min.

LES INDISPENSABLES

1 rouleau à pâtisserie
Papier cuisson

Tarte poulet, AUBERGINE ET OIGNON ROUGE

Pour	Préparation	Cuisson	Difficulté	Coût
4 personnes	**20 minutes**	**30 minutes**	**Facile**	**Bon marché**

INGRÉDIENTS

1 pâte brisée
1 filet de poulet (250 g)
1 aubergine
1 oignon rouge
½ poivron jaune
100 g de sauce tomate
Origan séché
Quelques feuilles de basilic
Huile d'olive
Sel, poivre

1. Préchauffez le four à 200 °C (th. 6-7). Pelez l'oignon et coupez-le en rondelles. Lavez l'aubergine et coupez-la en fines rondelles. Lavez le ½ poivron et coupez-le en lanières.
2. Badigeonnez les rondelles d'aubergine d'huile d'olive au pinceau et faites-les dorer à feu vif dans une poêle ou au gril, puis épongez-les avec du papier absorbant pour retirer l'excédent d'huile.
3. Coupez le poulet en petits morceaux ou en fines lanières.
4. Étalez la pâte dans un moule beurré ou couvert de papier cuisson et piquez le fond à la fourchette.
5. Couvrez le fond de tarte de sauce tomate et parsemez-le d'origan. Répartissez dessus les rondelles d'oignon, le poulet, les rondelles d'aubergine et les lanières de poivron. Salez et poivrez.
6. Versez un filet d'huile d'olive et enfournez pour 25 à 30 min.
7. Servez parsemé de petites feuilles de basilic avec une salade verte ou de tomates.

L'INDISPENSABLE

1 pinceau de cuisine

ASTUCE

Faites mariner le poulet avant la cuisson dans un peu d'huile additionnée de curry en poudre, sel et poivre.

RECETTE

AVEC DE LA VIANDE

Velouté de butternut
AU CHORIZO

Pour	Préparation	Cuisson	Difficulté	Coût
4 personnes	**15 minutes**	**25 minutes**	**Très facile**	**Bon marché**

INGRÉDIENTS

1 butternut (environ 700 g)

80 g de chorizo

1 oignon

150 ml de lait de coco

1 cuil. à soupe de mélange de graines (sésame, lin, tournesol…)

1 cuil. à soupe d'huile d'olive

Sel, poivre

1. Épluchez et coupez la butternut en cubes. Pelez et émincez l'oignon. Faites revenir l'oignon dans une grande casserole avec l'huile d'olive 5 min à feu moyen.
2. Ajoutez les cubes de butternut, 600 ml d'eau, salez et poivrez. Couvrez et laissez cuire à feu doux 20 min, jusqu'à ce que la butternut soit tendre.
3. Coupez le chorizo en lamelles. Faites-les griller dans une petite poêle à feu moyen 5 min, sans ajout de matière grasse, en les retournant régulièrement pour qu'elles deviennent croustillantes.
4. Mixez la soupe pour obtenir un velouté bien lisse, puis incorporez le lait de coco en remuant.
5. Servez le velouté dans des bols, puis ajoutez sur le dessus les lamelles de chorizo grillées et le mélange de graines.

L'INDISPENSABLE

1 mixeur plongeant

RECETTE

AVEC DE LA VIANDE

Poulet coco

SAUCE AU CURRY VERT

Pour	Préparation	Cuisson	Difficulté	Coût
4 personnes	**15 minutes**	**25 minutes**	**Très facile**	**Bon marché**

INGRÉDIENTS

4 filets de poulet

400 ml de lait de coco

½ fenouil

1 citron vert

1 cuil. à soupe de curry vert

1 poignée de pousses de soja

1 poignée de cresson

Huile neutre

Sel, poivre

1. Lavez et coupez le fenouil en fines lamelles et réservez. Pressez le citron.
2. Faites revenir les filets de poulet avec un filet d'huile dans une poêle chaude 5 min de chaque côté, jusqu'à ce qu'ils soient bien dorés. Salez, poivrez.
3. Ajoutez le curry vert et le lait de coco dans la poêle, mélangez bien et laissez mijoter à feu moyen 10 min.
4. Incorporez le jus de citron, les pousses de soja, les lamelles de fenouil, et laissez cuire encore 5 min pour que les saveurs se mélangent bien.
5. Avant de servir, ajoutez des feuilles de cresson pour apporter une touche de fraîcheur. Rectifiez l'assaisonnement si nécessaire.

ASTUCES

Servez chaud avec du riz ou des nouilles de riz et ajoutez du piment rouge finement ciselé.

Profitez des promotions pour acheter le poulet en plus grosse quantité que vous pourrez congeler.

Brochettes de porc

ET SUCRINE GRILLÉE

Pour	Préparation	Cuisson	Difficulté	Coût
4 personnes	**15 minutes**	**15 minutes**	**Très facile**	**Bon marché**

INGRÉDIENTS

400 g de filet de porc

4 petites sucrines

1 poivron vert

1 oignon rouge

2 cuil. à soupe d'huile d'olive

1 cuil. à café de paprika en poudre

Sel, poivre

1. Préchauffez le four en mode gril à 210 °C (th. 7).
2. Coupez le porc en gros dés, le poivron en morceaux et l'oignon rouge en quartiers. Enfilez-les sur les piques à brochettes en alternant poivron, porc et rondelles d'oignon.
3. Rincez et coupez les sucrines en deux.
4. Mélangez l'huile d'olive, le paprika, du sel et du poivre dans un bol. Badigeonnez les brochettes et les sucrines de cette préparation.
5. Placez les brochettes et les sucrines sur une grille recouverte de papier cuisson. Faites-les griller au four 15 min, en retournant les brochettes et les sucrines à mi-cuisson.

LES INDISPENSABLES

Des piques à brochettes
1 pinceau de cuisine

ASTUCES

Servez avec une sauce au fromage blanc et aux herbes pour apporter de la fraîcheur.

Optez pour des morceaux de porc moins coûteux comme l'échine, qui reste tendre et savoureuse après cuisson.

BBQ

Hachis parmentier

Pour	Préparation	Cuisson	Difficulté	Coût
4 personnes	**25 minutes**	**40 minutes**	**Facile**	**Bon marché**

INGRÉDIENTS

400 g de viande de bœuf haché

300 g de pommes de terre

2 oignons

2 gousses d'ail

1 cuil. à soupe de farine

1 jaune d'œuf

30 g de parmesan râpé

50 g d'emmental râpé

Herbes de Provence

30 g de beurre

Huile d'olive

Sel, poivre

1. Pelez et coupez les pommes de terre en cubes. Faites-les cuire 20 min dans de l'eau salée (départ à l'eau froide).
2. Pelez et hachez les oignons et l'ail. Faites-les revenir dans le beurre dans une poêle, jusqu'à ce qu'ils soient tendres.
3. Ajoutez la viande hachée, puis saupoudrez de farine et d'herbes de Provence. Salez et poivrez. Laissez cuire 35 min à feu doux en remuant de temps en temps.
4. Hors du feu, mélangez avec le jaune d'œuf et le parmesan.
5. Égouttez les pommes de terre et écrasez-les au presse-purée ou à la fourchette. Salez et poivrez.
6. Préchauffez le gril du four. Sur le fond d'un plat à gratin, étalez la farce à la viande et recouvrez de purée. Parsemez d'emmental et faites gratiner 5 min sous le gril.

ASTUCE

Le hachis parmentier est le plat anti-gaspi par excellence. On peut le réaliser avec à peu près tous les restes de viande ou de rôti (poulet, porc, agneau...). Il suffit de les hacher ou de les effilocher finement.

LES INDISPENSABLES

1 presse-purée
1 plat à gratin

RECETTES AVEC DU POISSON

RECETTE

AVEC DU POISSON

Brandade de morue

Pour	Trempage	Préparation	Cuisson	Difficulté	Coût
4 personnes	24 à 36 heures	15 minutes	20 minutes	Facile	Moyen

INGRÉDIENTS

500 g de morue salée
500 g de pommes de terre
1 gousse d'ail
1 bouquet de persil plat
Huile d'olive
Sel, poivre

LES INDISPENSABLES

1 plat à gratin
1 presse-purée

1. Faites dessaler la morue en la faisant tremper dans l'eau 24 à 36 h avant le moment de préparer la brandade, en changeant l'eau régulièrement.
2. Faites cuire les pommes de terre à la vapeur ou à l'eau, épluchez-les puis écrasez-les au presse-purée ou à la fourchette.
3. Préchauffez le four à 210 °C (th. 7).
4. Épluchez et écrasez l'ail. Ciselez le persil.
5. Pochez la morue 5 min à l'eau bouillante et émiettez-la.
6. Mélangez la morue avec les pommes de terre écrasées, l'ail et le persil ciselé.
7. Ajoutez petit à petit de l'huile d'olive, jusqu'à ce que l'ensemble soit bien lié. Poivrez et salez légèrement au besoin. Mélangez.
8. Mettez la préparation dans un plat allant au four et faites cuire 15 à 20 min. Passez sous le gril avant de servir.

ASTUCE
Pour une recette plus légère, remplacez une partie de l'huile d'olive par 10 cl de lait.

RECETTE

AVEC DU POISSON

Croquettes de poisson ET MAYONNAISE AUX HERBES

Pour	Préparation	Cuisson	Difficulté	Coût
4 personnes	25 minutes	15 minutes	Facile	Bon marché

INGRÉDIENTS

400 g de filets de poisson blanc

200 g de pommes de terre

1 œuf

4 cuil. à soupe de chapelure

2 cuil. à soupe de farine

Huile neutre pour la friture

Sel, poivre

Pour la mayonnaise aux herbes :

1 jaune d'œuf

1 cuil. à café de moutarde

10 cl d'huile végétale

Quelques brins d'herbes fraîches (persil, ciboulette ou aneth)

LES INDISPENSABLES

1 presse-purée
1 fouet à main
1 mixeur plongeant

1. Épluchez les pommes de terre, coupez-les en morceaux et faites-les cuire dans de l'eau bouillante 10 min, jusqu'à ce qu'elles soient tendres. Égouttez-les, puis écrasez-les en purée dans un saladier.
2. Rincez et coupez les filets de poisson en petits dés. Ajoutez-les dans le saladier avec les pommes de terre, salez et poivrez, et mélangez bien avec l'œuf entier et 2 cuil. à soupe de chapelure. Formez des boulettes avec ce mélange.
3. Passez chaque croquette dans la farine, puis dans le reste de la chapelure.
4. Faites chauffer l'huile dans une poêle à feu moyen et faites cuire les croquettes 5 min de chaque côté, jusqu'à ce qu'elles soient dorées et croustillantes.
5. Préparez la mayonnaise. Fouettez le jaune d'œuf avec la moutarde dans un bol, salez et poivrez. Versez l'huile en filet tout en fouettant jusqu'à obtenir une texture épaisse et homogène. Incorporez les herbes ciselées, mixez.
6. Servez les croquettes de poisson avec cette mayonnaise aux herbes en accompagnement.

ASTUCE

Le merlan et le lieu noir étant abondants, ils sont parmi les poissons blancs les moins chers mais leur prix peut varier selon les saisons et les méthodes de pêche ; renseignez-vous auprès de votre poissonnier.

RECETTE

AVEC DU POISSON

Parmentier de maquereau

Pour	Préparation	Cuisson	Difficulté	Coût
4 personnes	20 minutes	10 minutes	Facile	Bon marché

INGRÉDIENTS

800 g de pommes de terre

4 maquereaux frais

1 oignon

3 cuil. à soupe d'huile d'olive

20 cl de lait

30 g de beurre

½ **bouquet** de persil

Sel, poivre

1. Préchauffez le four à 190 °C (th. 6-7).
2. Épluchez les pommes de terre, coupez-les en morceaux et faites-les cuire dans une grande casserole d'eau bouillante salée environ 20 min, jusqu'à ce qu'elles soient bien tendres.
3. Placez les maquereaux dans un plat allant au four. Arrosez-les de 2 cuil. à soupe d'huile d'olive, salez, poivrez, puis enfournez pour 15 min.
4. Sortez les maquereaux du four, laissez-les tiédir, puis retirez la peau et les arêtes. Effeuillez délicatement la chair des maquereaux.
5. Pelez et hachez l'oignon. Faites chauffer l'huile d'olive restante dans une poêle et faites revenir l'oignon jusqu'à ce qu'il soit translucide.
6. Lavez et ciselez le persil. Faites chauffer le lait.
7. Égouttez les pommes de terre et écrasez-les à l'aide d'un presse-purée. Incorporez le lait chaud, le beurre et la moitié du persil ciselé, salez et poivrez. Mélangez bien pour obtenir une purée lisse et onctueuse.
8. Disposez une couche de purée dans un plat à gratin, ajoutez la chair de maquereau par-dessus, puis recouvrez du reste de purée. Parsemez du persil ciselé restant. Enfournez 10 min pour réchauffer et légèrement gratiner. Servez bien chaud.

LES INDISPENSABLES

1 plat à gratin
1 presse-purée

ASTUCE

Si vous avez des restes de pommes de terre cuites, utilisez-les pour préparer ce parmentier ! Cela vous permettra de gagner du temps et de réduire le coût en utilisant des ingrédients que vous avez déjà, tout en évitant le gaspillage alimentaire.

RECETTE

AVEC DU POISSON

Risotto aux moules

Pour	Préparation	Cuisson	Difficulté	Coût
4 personnes	15 minutes	30 minutes	Facile	Bon marché

INGRÉDIENTS

250 g de riz arborio

300 g de moules fraîches

1 oignon

10 cl de vin blanc sec

1 l de bouillon de légumes

20 g de beurre

2 cuil. à soupe d'huile d'olive

Quelques brins de cerfeuil

Sel, poivre

1. Rincez et nettoyez les moules. Pelez et émincez l'oignon.
2. Faites chauffer 1 cuil. à soupe d'huile d'olive dans une poêle et faites revenir les moules 5 min, jusqu'à ce qu'elles s'ouvrent. Laissez-les tiédir et retirez les coquilles. Réservez-les en gardant leur jus.
3. Faites chauffer le reste de l'huile et le beurre dans une casserole. Ajoutez l'oignon et faites-le revenir 3 min. Ajoutez le riz et mélangez 2 min, jusqu'à ce qu'il devienne translucide.
4. Versez le vin blanc et laissez réduire. Puis ajoutez le bouillon chaud louche par louche, en remuant régulièrement, jusqu'à ce que le riz soit crémeux et cuit (environ 20 min).
5. Incorporez les moules et leur jus en fin de cuisson. Salez, poivrez.
6. Parsemez de cerfeuil ciselé avant de servir bien chaud.

ASTUCE

Pour être sûr de la fraîcheur de vos moules, lorsque vous les rincez et les nettoyez, conservez uniquement celles qui sont bien fermées et débarrassez-vous de celles qui sont ouvertes ou dont la coquille est cassée. En revanche, jetez celles qui ne se sont pas ouvertes à la cuisson. C'est le signe qu'elles ne sont pas fraîches.

RECETTE

AVEC DU POISSON

Rolls à la truite fumée ET AU FROMAGE FRAIS

Pour	Préparation	Difficulté	Coût
4 personnes	15 minutes	Très facile	Bon marché

INGRÉDIENTS

4 galettes de sarrasin

150 g de truite fumée

150 g de fromage frais

1 cuil. à soupe de jus de citron

1 cuil. à soupe de ciboulette ciselée

Sel, poivre

1. Mélangez le fromage frais avec le jus de citron et la ciboulette dans un bol. Salez légèrement et poivrez.
2. Étalez une fine couche de ce mélange sur chaque galette de sarrasin.
3. Disposez des tranches de truite fumée sur le fromage frais, puis roulez les galettes pour former des rolls.
4. Coupez chaque roll en tronçons et servez frais.

ASTUCE

La truite fumée est une alternative économique et savoureuse au saumon fumé, offrant une texture délicate et un gout subtil.

RECETTES

VEGGIE PARTY

RECETTE

VEGGIE PARTY

Quiche aux épinards

ET AU CHÈVRE

Pour	Préparation	Cuisson	Difficulté	Coût
4 personnes	15 minutes	40 minutes	Facile	Bon marché

INGRÉDIENTS

1 pâte brisée

1 boîte d'épinards en branches (ou des épinards surgelés)

1 chèvre en bûchette

Thym

3 œufs

2 cuil. à soupe de crème fraîche

Sel, poivre

1. Préchauffez le four à 200 °C (th. 6-7). Étalez la pâte dans un moule à tarte beurré ou couvert de papier cuisson et piquez-la à la fourchette. Recouvrez-la des deux tiers du chèvre coupé en rondelles et saupoudrez de thym. Réservez.
2. Battez les œufs en omelette dans un saladier. Incorporez la crème fraîche puis les épinards bien égouttés. Salez peu car le chèvre est déjà salé, mais poivrez généreusement.
3. Répartissez le mélange sur la pâte et ajoutez le reste de fromage.
4. Enfournez pour une quarantaine de minutes. Cette quiche se déguste chaude ou froide.

ASTUCE

En saison, utilisez des épinards frais. Faites-les juste « tomber » dans une casserole puis égouttez-les avant de les incorporer à la préparation aux œufs.

RECETTE

VEGGIE PARTY

Œufs mollets
À LA FLORENTINE

Pour	Préparation	Cuisson	Difficulté	Coût
4 personnes	10 minutes	10 minutes	Très facile	Bon marché

INGRÉDIENTS

4 œufs

500 g d'épinards frais

15 g de beurre

Pour la béchamel :

15 g de beurre

2 cuil. à soupe de farine

200 ml de lait

2 cuil. à soupe de crème fraîche

50 g d'emmental râpé

Sel, poivre

1. Préchauffez le four à 210 °C (th. 7).
2. Nettoyez les épinards. Faites-les fondre avec le beurre dans une poêle 5 min, jusqu'à ce qu'ils soient bien tendres. Salez et poivrez.
3. Préparez la béchamel. Faites fondre le beurre dans une petite casserole, ajoutez la farine, mélangez, puis versez le lait en fouettant jusqu'à épaississement. Ajoutez la crème fraîche et l'emmental râpé. Salez, poivrez.
4. Faites bouillir une casserole d'eau et plongez-y les œufs pour les cuire 6 min. Rafraîchissez-les sous l'eau froide, écalez-les délicatement.
5. Répartissez les épinards dans des ramequins individuels ou dans un petit plat à gratin, posez un œuf mollet dessus, puis nappez de sauce béchamel. Enfournez pour 5 min pour et servez immédiatement.

ASTUCE

Riches en protéines, les œufs apportent de l'énergie tout en étant faciles à cuisiner. Ils sont parfaits pour composer des plats savoureux à petit prix.

LES INDISPENSABLES

4 ramequins individuels
ou 1 petit plat à gratin
1 fouet à main

RECETTE

VEGGIE PARTY

Omelette AUX COURGETTES

Pour	Préparation	Cuisson	Difficulté	Coût
4 personnes	15 minutes	20 minutes	Facile	Bon marché

INGRÉDIENTS

6 œufs

2 courgettes moyennes

1 oignon

Quelques brins de persil

100 g d'emmental râpé

Huile d'olive

Sel, poivre

LES INDISPENSABLES

1 râpe à légumes
1 poêle allant au four

1. Préchauffez le four à 180 °C (th. 6).
2. Lavez et râpez les courgettes.
3. Pelez et émincez l'oignon.
4. Ciselez le persil.
5. Faites revenir les courgettes et l'oignon dans une poêle avec un peu d'huile d'olive pendant 5 min, jusqu'à ce qu'ils soient tendres. Assaisonnez avec du sel et du poivre.
6. Battez les œufs en omelette dans un saladier. Ajoutez-y le mélange de courgettes et d'oignon, ainsi que le fromage râpé et le persil. Mélangez bien.
7. Versez le mélange dans une poêle allant au four. Assurez-vous qu'il est réparti uniformément.
8. Laissez cuire l'omelette à feu doux environ 5 min, jusqu'à ce qu'elle commence à prendre sur les bords.
9. Transférez la poêle dans le four et laissez cuire environ 10 min, jusqu'à ce que l'omelette soit bien dorée et que le centre soit pris.
10. Servez chaud avec une salade verte ou accompagnez l'omelette de pain grillé.

ASTUCES

Une fois l'omelette refroidie, coupez-la en morceaux et servez-la à l'apéritif. Elle sera également parfaite pour un pique-nique.

Vous pouvez cuire votre omelette entièrement à la poêle, sans la passer au four. Dans ce cas, faites-la glisser sur une assiette, puis retournez-la dans la poêle pour cuire l'autre face.

RECETTE

VEGGIE PARTY

Crumble de tomates

Pour	Préparation	Cuisson	Difficulté	Coût
4 personnes	15 minutes	25 minutes	Très facile	Bon marché

INGRÉDIENTS

6 tomates mûres

80 g de farine

50 g de beurre mou

50 g de chapelure

30 g de grana padano

2 cuil. à soupe d'huile d'olive

1 brin de romarin

Sel, poivre

1. Préchauffez le four à 180 °C (th. 6).
2. Lavez et coupez les tomates en quartiers. Disposez-les dans un plat allant au four, arrosez-les d'huile d'olive, salez et poivrez.
3. Mélangez la farine, le beurre coupé en petits morceaux, la chapelure et le grana padano dans un bol. Travaillez du bout des doigts pour obtenir une pâte sableuse.
4. Répartissez la pâte à crumble sur les tomates de manière uniforme.
5. Enfournez et faites cuire 25 min, jusqu'à ce que le crumble soit bien doré.
6. À la sortie du four, saupoudrez de romarin effeuillé.

L'INDISPENSABLE

1 plat à gratin

ASTUCE

Le grana padano offre une saveur similaire au parmesan, mais à un prix plus abordable.

RECETTE

VEGGIE PARTY

Gnocchis aux courgettes, TOMATES, BASILIC

Pour	Préparation	Cuisson	Difficulté	Coût
4 personnes	10 minutes	15 minutes	Très facile	Bon marché

INGRÉDIENTS

500 g de gnocchis

1 courgette moyenne

2 tomates moyennes

Quelques feuilles de basilic

30 g de grana padano

2 cuil. à soupe d'huile d'olive

Sel, poivre

1. Lavez la courgette et les tomates. Coupez la courgette en fines rondelles et les tomates en petits morceaux.
2. Faites chauffer l'huile d'olive à feu moyen dans une grande poêle. Ajoutez les courgettes et les tomates, puis faites-les cuire environ 8 min en remuant de temps en temps. Salez et poivrez.
3. Faites cuire les gnocchis dans une casserole d'eau bouillante salée selon les indications du paquet (généralement 2 à 3 min). Égouttez-les une fois qu'ils remontent à la surface.
4. Ajoutez les gnocchis dans la poêle avec les légumes. Mélangez bien le tout pendant 2 min pour enrober les gnocchis de la sauce.
5. Ajoutez le basilic frais et réalisez des copeaux de grana padano à l'aide d'un Économe pour les disposer sur les gnocchis. Servez aussitôt.

ASTUCE
Vous pouvez également réaliser des gnocchis maison, avec simplement des pommes de terre, de la farine, du beurre et un jaune d'œuf.

RECETTE

VEGGIE PARTY

Tomates farcies

AU RIZ ET À LA FETA

Pour	Préparation	Cuisson	Difficulté	Coût
4 personnes	35 minutes	20 minutes	Facile	Bon marché

INGRÉDIENTS

4 grosses tomates mûres rouges ou jaunes

200 g de riz

100 g de feta

1 oignon

1 gousse d'ail

25 cl de bouillon de légumes

Huile d'olive

Sel, poivre

LES INDISPENSABLES

1 plat à gratin

1 grille

1 sauteuse

1. Coupez le chapeau des tomates et évidez-les avec une petite cuillère.
2. Salez l'intérieur et posez-les à l'envers sur la grille pour qu'elles dégorgent.
3. Ciselez l'oignon et l'ail. Faites-les revenir dans la sauteuse avec de l'huile.
4. Ajoutez le riz et mélangez pour l'enrober de matière grasse.
5. Mouillez avec le bouillon, couvrez et laissez cuire 20 min à feu doux.
6. Préchauffez le four à 160 °C (th. 5-6).
7. Ajoutez la feta émiettée au riz.
8. Salez, poivrez et mélangez délicatement.
9. Garnissez les tomates de farce et reposez les chapeaux dessus.
10. Déposez-les dans le plat à gratin et enfournez pour 20 min.

ASTUCES

Si vous avez un plant de menthe, ciselez-en quelques feuilles et ajoutez-les à la farce.

Vous pouvez également ajouter des olives noires.

Quenelles de polenta
AUX CAROTTES

Pour	Préparation	Cuisson	Difficulté	Coût
4 personnes	15 minutes	25 minutes	Facile	Bon marché

INGRÉDIENTS

150 g de polenta fine
3 carottes moyennes
200 ml de lait
50 g de grana padano
1 œuf
1 cuil. à soupe d'huile d'olive
Sel, poivre

1. Préchauffez le four à 180 °C (th. 6).
2. Épluchez les carottes et râpez-les finement.
3. Portez à ébullition 600 ml d'eau et le lait avec une pincée de sel dans une casserole. Versez la polenta en pluie tout en remuant à la spatule en bois et laissez cuire à feu doux 5 à 8 min, jusqu'à ce qu'elle épaississe.
4. Incorporez les carottes râpées à la polenta, puis ajoutez le grana padano, l'œuf et l'huile d'olive. Mélangez bien pour obtenir une pâte homogène. Salez et poivrez.
5. Façonnez des quenelles en vous aidant de deux cuillères à soupe. Disposez-les sur une plaque recouverte de papier cuisson, puis enfournez pour 15 min
6. Faites dorer les quenelles sous le gril 5 min supplémentaires. Servez chaud, avec quelques copeaux de grana padano pour relever le goût.

L'INDISPENSABLE

1 râpe à légumes

RECETTE

VEGGIE PARTY

Lasagnes à la ricotta ET AUX ÉPINARDS

PAR stephy

Pour **4 personnes**

Préparation **20 minutes**

Cuisson **20 minutes**

Difficulté **Très facile**

Coût **Bon marché**

INGRÉDIENTS

1 paquet de lasagnes

420 g d'épinards hachés, frais ou surgelés

20 g de beurre pour le plat

200 g d'emmental râpé

Sel, poivre

Pour la béchamel :

250 g de ricotta

50 g de beurre

2 cuil. à soupe de farine

50 cl de lait

Noix muscade

1. Préchauffez le four à 200 °C (th. 6-7).
2. Préparez une béchamel bien lisse : dans une casserole, faites fondre le beurre, puis ajoutez la farine et délayez avec le lait sans cesser de fouetter. Salez, poivrez bien et râpez de la muscade.
3. Ajoutez la ricotta à la béchamel chaude et mélangez.
4. Beurrez un plat à gratin.
5. Salez et poivrez les épinards.
6. Couvrez le fond du plat d'une couche de lasagnes, puis alternez une couche d'épinards, une couche de béchamel et du fromage râpé.
7. Répétez cette alternance jusqu'à épuisement des ingrédients.
8. Terminez par un peu de béchamel et de l'emmental.
9. Saupoudrez de muscade râpée.
10. Enfournez pour 20 min de cuisson et servez immédiatement.

ASTUCES

Vous pouvez également utiliser une béchamel toute prête, à laquelle vous ajouterez la ricotta.

Gourmandise supplémentaire : ajoutez du pesto (frais ou en bocal) à la recette, en l'intégrant à l'étape 3.

L'INDISPENSABLE

1 plat à gratin

Poireaux grillés

ET PURÉE DE PATATE DOUCE AU TOFU

Pour	Préparation	Cuisson	Difficulté	Coût
4 personnes	15 minutes	40 minutes	Facile	Bon marché

INGRÉDIENTS

2 gros poireaux

600 g de patates douces

200 g de tofu ferme

2 cuil. à soupe de sauce teriyaki

2 cuil. à soupe d'huile d'olive

Quelques brins de coriandre fraîche

Sel, poivre

LES INDISPENSABLES

1 pinceau de cuisine
1 presse-purée

1. Préchauffez le four à 210 °C (th. 7).
2. Coupez les poireaux en deux dans la longueur, rincez-les bien et disposez-les sur une plaque de cuisson. Badigeonnez-les avec 1 cuil. à soupe d'huile d'olive, salez et poivrez. Enfournez pour 20 min, jusqu'à ce qu'ils soient bien grillés.
3. Épluchez les patates douces et coupez-les en morceaux. Faites-les cuire dans une grande casserole d'eau bouillante salée pendant 15 min, puis égouttez et écrasez-les pour obtenir une purée. Ajoutez 1 cuil. à soupe d'huile d'olive, salez et poivrez.
4. Coupez le tofu en dés et faites-les dorer sur chaque face dans une poêle antiadhésive bien chaude pendant 5 min, jusqu'à ce qu'ils soient bien croustillants.
5. Dressez les assiettes en disposant la purée de patate douce, les poireaux grillés et les dés de tofu. Arrosez avec un filet de sauce teriyaki et parsemez de coriandre ciselée.

ASTUCE

À l'étape 4, vous pouvez mélanger les dés de tofu avec 1 cuil. à soupe de miel ou de sirop d'érable avant de les faire dorer à la poêle. Versez 50 g de graines de sésame dans une assiette et roulez-les dedans.

Comment concilier

PETIT BUDGET ET PRODUITS FRAIS ?

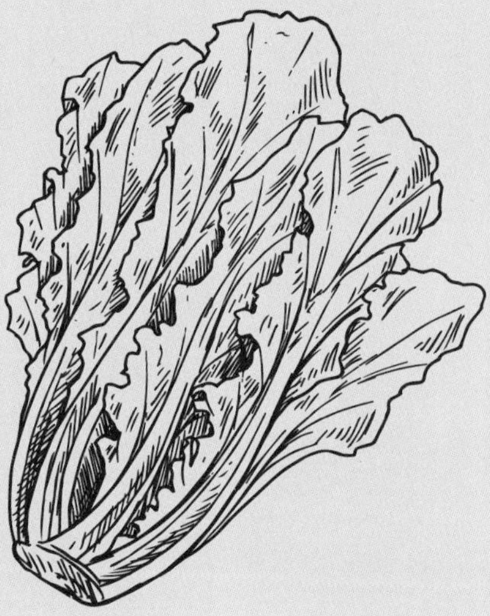

PARTICIPEZ A UN POTAGER PARTAGÉ

Les potagers partagés sont parfaits pour récolter des produits frais tout en faisant des économies. Que vous ayez la main verte ou non, rejoignez un groupe de jardinage dans votre quartier ! Vous profiterez de fruits et légumes de saison, tout en renforçant les liens avec vos voisins. Et rien de plus satisfaisant que de cuisiner avec ses propres récoltes.

PROFITEZ DES FINS DE MARCHÉ

Saviez-vous que les étals regorgent de bonnes affaires en fin de journée ? Maraîchers et commerçants baissent souvent leurs prix pour écouler leurs fruits et légumes restants. C'est le moment idéal pour faire le plein de produits frais à moindre coût.

ÉCHANGEZ ENTRE VOISINS

Et si on partageait ce que l'on a en trop ? Les échanges entre voisins permettent de réduire les coûts tout en ajoutant de la variété dans l'assiette. Pourquoi ne pas troquer quelques tomates contre un bocal de compote maison ou quelques œufs frais ? Ces échanges sont de bonnes occasions de se régaler sans gaspiller.

CHOISISSEZ DES PRODUITS DE SAISON

Les produits de saison sont souvent moins chers, car ils sont plus abondants. Les courges et les choux en automne, les courgettes et les tomates en été : chaque saison vous inspire des recettes simples et économiques. En suivant les cycles de la nature, on consomme aussi des produits de meilleure qualité.

PRIVILÉGIEZ LE « FAIT MAISON »

Les plats préparés coûtent souvent plus cher que les plats faits maison. En apprenant à cuisiner quelques basiques comme les soupes ou les sauces, vous pouvez faire des économies importantes. Préparez des plats en grande quantité et congelez les surplus pour économiser du temps et de l'argent.

ÉVITEZ LE GASPILLAGE

Transformez vos restes en nouvelles créations ! Un peu de pain dur ? Il peut devenir des croûtons croustillants pour une soupe, la base d'un délicieux pudding ou d'un gourmand pain perdu. Des épluchures de légumes ? Faites-en un bouillon maison ou des chips de légumes, parfaites pour l'apéro. En utilisant chaque ingrédient jusqu'au bout, vous économisez et créez des recettes originales tout en luttant contre le gaspillage.

RECETTES

ON OSE LE MÉLANGE DE SAVEURS !

RECETTE

ON OSE LE MÉLANGE DE SAVEURS !

Pizza blanche
CHÈVRE-MIEL

Pour	Préparation	Cuisson	Difficulté	Coût
4 personnes	**10 minutes**	**20 minutes**	**Très facile**	**Bon marché**

INGRÉDIENTS

1 pâte à pizza

1 bûche de chèvre

2 cuil. à soupe de miel liquide

20 cl de crème fraîche semi-épaisse

50 g d'emmental râpé

12 olives noires

Poivre

1. Préchauffez le four à 180 °C (th. 6).
2. Déroulez la pâte dans un moule à tarte.
3. Nappez le fond de la pâte de crème fraîche.
4. Coupez le chèvre en tranches, puis répartissez-les sur la crème.
5. Versez le miel liquide uniformément, puis parsemez d'emmental râpé et poivrez.
6. Répartissez les olives sur la pizza.
7. Enfournez pour environ 20 min, en surveillant bien la cuisson.

ASTUCES

Ajoutez quelques feuilles de roquette sur le dessus après la cuisson.

Vous pourrez déguster le reste de cette pizza le lendemain, en le réchauffant au four, à 150 °C (th. 5), éventuellement en la parsemant d'un peu plus d'emmental râpé.

RECETTE

ON OSE LE MÉLANGE DE SAVEURS !

Carpaccio de poires
AU CAFÉ ET AU ROQUEFORT

Pour	Préparation	Difficulté	Coût
4 personnes	**15 minutes**	**Très facile**	**Bon marché**

INGRÉDIENTS

4 poires mûres mais fermes

100 g de roquefort

Jus de citron

20 g de grains de café

Quelques feuilles de roquette

Pour la vinaigrette :

3 cuil. à soupe d'huile de noix

1 cuil. à soupe de vinaigre balsamique

Sel, poivre

LES INDISPENSABLES

1 mandoline
1 rouleau à pâtisserie

1. Pelez les poires, puis tranchez-les en fines lamelles à la mandoline ou avec un couteau d'office.
2. Citronnez légèrement les tranches pour éviter qu'elles noircissent, puis disposez-les en rosace sur une assiette.
3. Concassez les grains de café avec un rouleau à pâtisserie et parsemez-les sur les poires.
4. Émiettez le roquefort et répartissez-le également sur les poires.
5. Lavez et ajoutez quelques feuilles de roquette dans chaque assiette.
6. Préparez la vinaigrette. Mélangez l'huile de noix, le vinaigre balsamique, du sel et du poivre dans un bol. Versez cet assaisonnement sur les assiettes juste avant de servir.

ASTUCES

Vous pouvez remplacer les grains de café par des noix concassées et la roquette par du céleri.

Ajoutez des endives émincées à répartir sous les poires pour un carpaccio plus consistant.

RECETTE

ON OSE LE MÉLANGE DE SAVEURS !

Tarte Tatin

AUX OIGNONS GRELOTS

Pour	Préparation	Cuisson	Difficulté	Coût
4 personnes	**15 minutes**	**25 minutes**	**Facile**	**Bon marché**

INGRÉDIENTS

1 pâte brisée

500 g d'oignons grelots

1 noisette de beurre

1 cuil. à soupe d'huile

Thym frais

1 cuil. à soupe de vinaigre balsamique

1 cuil. à soupe de miel

Sel, poivre

1. Préchauffez le four à 200 °C (th. 6-7). Pelez les oignons.
2. Faites chauffer le beurre et l'huile dans une poêle et faites suer les oignons 10 min en remuant. Salez, poivrez, ajoutez le thym effeuillé, le vinaigre et le miel, et mélangez pour bien enrober les oignons.
3. Disposez les oignons dans un moule à manqué et recouvrez-les avec la pâte, en rentrant bien les bords dans le moule.
4. Enfournez pour environ 25 min, jusqu'à ce que la pâte soit dorée. Démoulez en retournant la tarte sur un plat et servez aussitôt.

ASTUCE

L'oignon grelot est un aliment riche en fibres, et il se consomme de juillet à décembre. Pensez-y !

L'INDISPENSABLE

1 moule à manqué

RECETTE

ON OSE LE MÉLANGE DE SAVEURS !

Tarte fine au camembert
ET AUX POMMES

Pour	Préparation	Cuisson	Difficulté	Coût
4 personnes	**15 minutes**	**20 minutes**	**Très facile**	**Moyen**

INGRÉDIENTS

1 pâte feuilletée

1 camembert

3 pommes (type golden)

1 cuil. à café de graines de cumin

2 cuil. à soupe de miel liquide

Poivre

1. Préchauffez le four à 200 °C (th. 6-7).
2. Étalez la pâte feuilletée sur une plaque de cuisson recouverte de papier cuisson.
3. Coupez le camembert en fines tranches et disposez-les sur la pâte.
4. Épluchez et évidez les pommes, puis coupez-les en fines tranches.
5. Disposez les tranches de pommes sur le camembert en les faisant se chevaucher légèrement.
6. Parsemez de quelques graines de cumin.
7. Arrosez le tout avec le miel liquide. Poivrez.
8. Enfournez la tarte pour environ 20 min, jusqu'à ce que la pâte soit dorée et croustillante, et que le camembert soit fondu et légèrement doré.
9. À la sortie du four, laissez tiédir quelques minutes avant de découper et de servir la tarte.

RECETTE

ON OSE LE MÉLANGE DE SAVEURS !

Tarte Tatin

AUX CAROTTES

Pour	Préparation	Cuisson	Difficulté	Coût
4 personnes	**20 minutes**	**30 minutes**	**Facile**	**Bon marché**

INGRÉDIENTS

1 pâte brisée

600 g de carottes fines (nouvelles en saison)

40 g de beurre

40 g de miel

Thym

100 g de chèvre frais

Sel, poivre

1. Préchauffez le four à 200 °C (th. 6-7). Épluchez ou grattez les carottes et coupez-les en deux dans la longueur.
2. Faites chauffer le beurre et le miel et faites-y revenir les carottes 15 min à feu doux, en mélangeant souvent pour bien les enrober.
3. Répartissez-les dans un moule à tarte beurré et parsemé de thym, ajoutez le fromage de chèvre finement émietté, salez et poivrez.
4. Étalez la pâte et recouvrez-en la tarte, en rentrant les bords à l'intérieur du moule.
5. Enfournez pour 25 à 30 min.
6. Retournez la tarte sur un plat avant de la servir.

ASTUCE

Ajoutez des graines de cumin ou de carvi à la cuisson des carottes dans le beurre et le miel.

RECETTE

ON OSE LE MÉLANGE DE SAVEURS !

Quinoa au potiron ET AUX GRAINES DE GRENADE

Pour	Préparation	Cuisson	Difficulté	Coût
4 personnes	**15 minutes**	**25 minutes**	**Très facile**	**Bon marché**

INGRÉDIENTS

100 g de quinoa

300 g de potiron

½ grenade

200 g de boulgour

3 cuil. à soupe d'huile d'olive

½ **bouquet** de persil frisé

Sel, poivre

1. Préchauffez le four à 180 °C (th. 6).
2. Épluchez le potiron et coupez-le en dés. Disposez les dés sur une plaque de cuisson, arrosez-les avec 1 cuil. à soupe d'huile d'olive, salez, poivrez, et enfournez pour 25 min en remuant à mi-cuisson.
3. Faites cuire le boulgour et le quinoa ensemble dans une casserole d'eau bouillante salée 10 min, puis égouttez-les.
4. Retirez les graines de la demi-grenade avec une petite cuillère.
5. Lavez et ciselez le persil frisé.
6. Mélangez le boulgour et le quinoa avec les dés de potiron rôtis. Ajoutez les graines de grenade et le persil. Arrosez avec le reste d'huile d'olive, rectifiez l'assaisonnement si nécessaire, puis servez.

ASTUCE

Pour utiliser la demi-grenade restante, préparez un yaourt grec nature sucré avec un filet de miel, puis ajoutez les graines de grenade et quelques éclats de noix pour un dessert simple et économique, à la fois crémeux et croquant.

RECETTES

DES DESSERTS EXQUIS À PETITS PRIX

Bread and butter pudding
AUX RAISINS SECS

PAR Missepices

Pour	Préparation	Cuisson	Difficulté	Coût
4 personnes	15 minutes	45 minutes	Très facile	Bon marché

INGRÉDIENTS

150 g de pain rassis

2 cuil. à soupe de raisins secs, morceaux de fruits ou confiture de votre choix

50 cl de lait

1 sachet de sucre vanillé

2 cuil. à soupe de cassonade ou vergeoise

3 œufs

1 pincée de cannelle en poudre

Beurre pour le moule

1. Préchauffez le four à 180 °C (th. 6).
2. Émiettez ou mixez le pain rassis.
3. Faites chauffer le lait avec le sucre vanillé et la cassonade dans une casserole.
4. Fouettez les œufs dans un saladier.
5. Versez le lait chaud dessus en fouettant.
6. Ajoutez la cannelle puis le pain émietté. Mélangez bien.
7. Ajoutez ensuite, au choix, la confiture, les morceaux de fruits ou les raisins secs.
8. Versez la préparation dans un moule beurré et enfournez pour 45 min.

ASTUCES

Remplacez le pain par de la brioche ou du pain brioché rassis.

Vous pouvez parfumer ce pudding avec du rhum ou un alcool se mariant bien avec les fruits choisis.

Sachez que le pudding est encore meilleur le lendemain ! Alors s'il y a des restes… régalez-vous.

LES INDISPENSABLES

1 fouet à main
1 plat à gratin

Sugar

Ciambella

Pour **4 personnes**

Préparation **15 minutes**

Cuisson **30 minutes**

Difficulté **Très facile**

Coût **Bon marché**

INGRÉDIENTS

2 citrons bio

200 g de farine
+ pour le moule

150 g de sucre en poudre

1 sachet de levure chimique

3 œufs

100 g de beurre fondu
+ pour le moule

Beurre

1. Préchauffez le four à 180 °C (th. 6).
2. Mélangez la farine, le sucre et la levure dans un saladier.
3. Ajoutez les œufs un à un en mélangeant bien.
4. Lavez, zestez et pressez les citrons.
5. Versez le beurre fondu, le jus de citron et le zeste dans le saladier. Mélangez jusqu'à obtenir une pâte homogène.
6. Beurrez et farinez un moule couronne, puis versez-y la préparation.
7. Enfournez pour environ 30 min, jusqu'à ce que le gâteau soit doré et qu'une lame de couteau en ressorte propre.
8. Laissez refroidir avant de démouler.
9. Servez le gâteau tiède ou froid, saupoudré de sucre glace si vous le souhaitez.

LES INDISPENSABLES

1 zesteur
1 moule couronne

Moelleux choco-poires

Pour	Préparation	Cuisson	Difficulté	Coût
4 personnes	**15 minutes**	**30 minutes**	**Très facile**	**Bon marché**

INGRÉDIENTS

120 g de chocolat noir

2 poires mûres

80 g de beurre
+ pour le moule

2 œufs

100 g de sucre en poudre

100 g de farine

4 carrés de chocolat au lait
(pour le dessus)

1. Préchauffez le four à 180 °C (th. 6).
2. Faites fondre le chocolat et le beurre au bain-marie ou au micro-ondes, puis mélangez bien jusqu'à ce que la préparation soit homogène.
3. Fouettez les œufs et le sucre en poudre dans un saladier, jusqu'à ce qu'ils deviennent mousseux. Ajoutez le chocolat fondu, puis incorporez la farine en remuant bien.
4. Versez la préparation dans un plat à gratin beurré.
5. Épluchez, coupez les poires en deux et ôtez leur trognon. Déposez-les sur la pâte, côté bombé vers le bas.
6. Déposez les carrés de chocolat au lait sur la pâte.
7. Enfournez pour 30 min, jusqu'à ce que le moelleux soit cuit mais encore fondant à l'intérieur.

LES INDISPENSABLES

1 fouet à main
1 plat à gratin

Profiteroles

Pour	Préparation	Cuisson	Difficulté	Coût
12 profiteroles	50 minutes	35 minutes	Facile	Bon marché

INGRÉDIENTS

Pour la pâte à choux :

45 g de beurre

15 cl d'eau

1 cuil. à soupe bombée de sucre en poudre

1 pincée de sel

75 g de farine

2 œufs

Pour la sauce au chocolat :

50 g de chocolat noir pâtissier

15 cl de lait

Pour la garniture :

Glace vanille

1. Préchauffez le four à 180 °C (th. 6).
2. Versez dans une casserole l'eau, le beurre coupé en morceaux, le sucre et le sel et portez à ébullition.
3. Hors du feu, ajoutez la farine en une seule fois et mélangez bien pour obtenir une pâte homogène.
4. Remettez la casserole sur le feu 1 à 2 min afin de dessécher la pâte. Mélangez-la à l'aide d'une cuillère en bois jusqu'à ce qu'elle se détache des parois et forme une boule.
5. Hors du feu, incorporez les œufs un à un en mélangeant bien pour obtenir une préparation lisse et homogène.
6. Versez la pâte dans une poche à douille, puis formez des choux sur une plaque recouverte de papier cuisson.
7. Enfournez pour 25 min. Les choux doivent être bien dorés et gonflés. Réservez.
8. Cassez le chocolat en morceaux et faites-le fondre au bain-marie en ajoutant un peu de lait. Ajustez la quantité de lait pour obtenir une sauce plus ou moins épaisse.
9. Coupez les choux en deux, garnissez-les d'une boule de glace à la vanille, puis servez-les aussitôt nappés de sauce au chocolat tiède.

L'INDISPENSABLE

1 poche à douille

Salade de melon
ET FRAMBOISES

Pour	Préparation	Cuisson	Réfrigération	Difficulté	Coût
4 personnes	**20 minutes**	**15 minutes**	**3 heures**	**Facile**	**Moyen**

INGRÉDIENTS

1 melon bien mûr

200 g de framboises, fraîches ou surgelées

1 citron

50 g de sucre en poudre

½ **cuil. à café** d'extrait de vanille

LES INDISPENSABLES

1 Économe
1 cuillère parisienne

1. Prélevez le zeste du citron à l'Économe, puis pressez le citron.
2. Coupez le zeste en fins bâtonnets, puis mettez-le dans une petite casserole avec le sucre, 15 cl d'eau et la vanille.
3. Amenez à ébullition et laissez bouillonner doucement 15 min, jusqu'à consistance sirupeuse ; les zestes doivent être confits.
4. Pendant que le sirop cuit, prélevez des boules de melon avec la cuillère parisienne, en récupérant le jus du melon, et mettez-les dans un saladier. Ajoutez les framboises.
5. Lorsque le sirop est prêt, éteignez le feu et ajoutez le jus du citron. Laissez refroidir un peu.
6. Versez le sirop sur les fruits et mélangez délicatement.
7. Couvrez et laissez cette salade reposer au moins 3 h au frais pour que les parfums se mélangent bien.

ASTUCES

Ajoutez quelques gouttes d'alcool au sirop (rhum, crème de framboise...).

Remplacez les framboises par d'autres fruits rouges, selon vos envies.

Parsemez de pistaches concassées juste avant de servir.

Îles flottantes

PAR Annabelbel

Pour	Préparation	Infusion	Cuisson	Difficulté	Coût
4 personnes	**25 minutes**	**5 minutes**	**30 minutes**	**Moyenne**	**Moyen**

INGRÉDIENTS

60 cl de lait
1 gousse de vanille
4 œufs
110 g de sucre en poudre
1 pincée de sel

Pour le caramel :
60 g de sucre en morceaux
½ citron
2 cuil. à soupe d'eau

L'INDISPENSABLE

1 batteur électrique

1. Versez le lait dans une casserole. Ajoutez la gousse de vanille fendue en deux et portez à ébullition. Retirez le lait du feu, couvrez et laissez infuser. Après 5 min, retirez la gousse de vanille du lait.
2. Séparez les blancs des jaunes d'œufs. Réservez les blancs.
3. Fouettez les jaunes d'œufs dans un saladier avec 80 g de sucre en poudre, jusqu'à ce que la préparation blanchisse. Ajoutez le lait aromatisé chaud, mélangez, puis transvasez dans la casserole et remettez-la sur le feu à feu doux. Remuez sans cesse avec une cuillère en bois jusqu'à ce que la crème épaississe sans bouillir. La crème est prise lorsque la mousse blanche qui se forme en surface disparaît.
4. Laissez refroidir, puis réservez au réfrigérateur.
5. Portez 2 litres d'eau à ébullition dans une grande casserole.
6. Montez les blancs d'œufs en neige avec une pincée de sel. Quand ils commencent à être fermes, ajoutez les 30 g de sucre en poudre restant en deux fois. Continuez à fouetter jusqu'à obtenir une neige très ferme.
7. À l'aide de deux cuillères à soupe, formez des boules de blancs en neige. Déposez-les délicatement dans l'eau bouillante et faites-les cuire sur toutes les faces en les retournant en cours de cuisson.
8. Après 1 min de cuisson, sortez les blancs de l'eau et déposez-les sur du papier absorbant.
9. Réalisez un caramel blond à la poêle avec le sucre en morceaux, un filet de jus de citron et 2 cuil. à soupe d'eau.
10. Pour dresser, versez un peu de crème anglaise au fond de quatre assiettes creuses. Déposez dessus des blancs en neige cuits, puis décorez d'un filet de caramel blond.

Tarte crumble AUX CERISES

Pour	Préparation	Macération	Cuisson	Difficulté	Coût
4 personnes	15 minutes	10 minutes	40 minutes	Facile	Moyen

INGRÉDIENTS

1 pâte brisée
400 g de cerises
90 g de beurre mou
130 g de farine
90 g de sucre

1. Lavez, équeutez et dénoyautez les cerises.
2. Faites-les macérer dans 25 g de sucre pendant une dizaine de minutes, puis égouttez-les.
3. Préchauffez le four à 160 °C (th. 5-6).
4. Étalez la pâte dans un moule à tarte beurré ou couvert de papier cuisson. Piquez le fond à la fourchette.
5. Répartissez les cerises sur la pâte.
6. Faites une pâte à crumble bien sablonneuse avec le beurre, la farine et le reste du sucre. Couvrez-en les cerises.
7. Enfournez pour environ 40 min.

ASTUCES

Réservez le jus de macération des cerises au frais pour le boire allongé d'eau et additionné d'un filet de jus de citron.

Vous pouvez aussi préparer cette tarte crumble avec des prunes, des abricots, des pêches... ou un mélange de fruits de saison.

Mousse au chocolat CUITE

Pour	Préparation	Cuisson	Difficulté	Coût
4 personnes	20 minutes	25 minutes	Très facile	Bon marché

INGRÉDIENTS

180 g de chocolat noir pâtissier

140 g de beurre + pour le moule

7 œufs

100 g de sucre en poudre

35 g de cacao

Farine pour le moule

Pour la décoration :

Chocolat râpé

1. Préchauffez le four à 180 °C (th. 6).
2. Cassez le chocolat dans un bol et faites-le fondre au bain-marie avec le beurre. Mélangez jusqu'à obtenir une préparation lisse et brillante.
3. Séparez les blancs des jaunes d'œufs. Réservez les blancs.
4. Mélangez à la fourchette les jaunes avec le sucre dans un saladier, jusqu'à ce que le mélange blanchisse.
5. Incorporez le chocolat fondu, puis le cacao.
6. Montez les blancs d'œufs en neige ferme, puis, à l'aide d'une spatule, incorporez-les délicatement à la préparation.
7. Beurrez, puis farinez le moule à manqué. Versez-y la préparation.
8. Enfournez pour 25 min.
9. Laissez le gâteau refroidir avant de le démouler. Saupoudrez-le de chocolat râpé.

LES INDISPENSABLES

1 moule à manqué
1 batteur électrique

Perles du Japon AU LAIT DE COCO

Pour	Préparation	Infusion	Cuisson	Réfrigération	Difficulté	Coût
4 personnes	10 minutes	30 minutes	30 minutes	1 heure	Très facile	Bon marché

INGRÉDIENTS

50 g de perles du Japon

40 cl de lait de coco

40 g de sucre en poudre

3 rondelles de citron vert

Fruits frais exotiques au choix (kakis, litchis, mangue, etc.)

1. Portez le lait de coco et le sucre en poudre à ébullition dans une casserole.
2. Hors du feu, ajoutez les rondelles de citron vert et laissez infuser 30 min.
3. Pendant ce temps, faites cuire les perles du Japon dans de l'eau bouillante 30 min. Égouttez-les.
4. Retirez les rondelles de citron vert du lait de coco, puis ajoutez les perles du Japon. Mélangez bien.
5. Placez la préparation au réfrigérateur au minimum 1 h pour la servir très fraîche.
6. Servez les perles au lait de coco accompagnées de fruits frais de votre choix.

ASTUCE
Avant de servir, vous pouvez ajouter quelques copeaux de noix de coco pour ajouter de la texture à votre dessert.

Soufflés à la banane

Pour	Préparation	Cuisson	Difficulté	Coût
4 personnes	**20 minutes**	**20 minutes**	**Facile**	**Bon marché**

INGRÉDIENTS

4 bananes

40 g de beurre
+ pour les ramequins

1 citron vert

100 g de sucre en poudre

3 œufs

1 cuil. à soupe de rhum

1 cuil. à soupe de crème fraîche

Sucre glace

Sel

LES INDISPENSABLES

1 batteur électrique
4 ramequins

1. Préchauffez le four à 150 °C (th. 5). Pressez le citron vert.
2. Pelez les bananes, coupez-les en rondelles, puis faites-les revenir dans une poêle avec le beurre, le jus du citron et le sucre en poudre pendant 10 min, jusqu'à ce qu'elles soient bien dorées et fondantes.
3. Écrasez les bananes dans un saladier pour obtenir une purée lisse.
4. Séparez les blancs des jaunes d'œufs.
5. Ajoutez le rhum, les jaunes d'œufs et la crème dans le saladier, puis mélangez bien.
6. Battez les blancs d'œufs en neige ferme avec une pincée de sel, puis incorporez-les délicatement à la préparation à la banane.
7. Répartissez la préparation dans 4 ramequins beurrés, puis enfournez pour 20 min.
8. À la sortie du four, saupoudrez chaque soufflé de sucre glace et servez aussitôt.

Tarte rustique
AUX PÊCHES ET AUX FRAMBOISES

Pour	Préparation	Cuisson	Difficulté	Coût
4 personnes	20 minutes	30 minutes	Facile	Moyen

INGRÉDIENTS

1 pâte brisée

500 g de pêches jaunes ou de nectarines

2 cuil. à soupe de sucre en poudre

250 g de framboises

2 cuil. à soupe de gelée de coing

Sucre glace

1. Préchauffez le four à 180 °C (th. 6).
2. Lavez les fruits. Coupez les pêches en deux sans les peler, ôtez les noyaux puis recoupez-les en tranches.
3. Étalez la pâte dans un moule à tarte beurré ou couvert de papier cuisson, en laissant dépasser une large bande de pâte. Piquez le fond à la fourchette et répartissez le sucre en poudre dessus.
4. Disposez les tranches de pêches et les framboises sur le fond de tarte, nappez-les de gelée de coing au pinceau, et rabattez les bords de la pâte dessus.
5. Enfournez pour 25 à 30 min, et servez saupoudré de sucre glace.

L'INDISPENSABLE

1 pinceau de cuisine

ASTUCES

Vous pouvez préparer cette tarte en toute saison avec des fruits surgelés décongelés.
Remplacez les pêches par des abricots et les framboises par des mûres.

Brioche perdue AU CARAMEL AU BEURRE SALÉ

Pour	Préparation	Difficulté	Coût
4 personnes	10 minutes	Très facile	Bon marché

INGRÉDIENTS

2 œufs

40 cl de lait

4 cuil. à soupe de sucre en poudre

20 g de beurre

4 tranches épaisses de brioche rassise

20 cl de crème liquide

4 cuil. à soupe de caramel prêt à l'emploi

1. Mélangez à la fourchette les œufs, le lait et le sucre dans un bol.
2. Faites fondre le beurre dans une poêle.
3. Trempez les tranches de brioche dans le mélange œufs-lait-sucre et faites-les revenir et dorer dans le beurre.
4. Faites chauffer doucement la crème et ajoutez le caramel. Mélangez bien.
5. Dressez les tranches de brioche dans une assiette, arrosez de la sauce au caramel et servez.

ASTUCES

Ajoutez une boule de glace et/ou des fruits rouges et des baies (fraises, framboises, myrtilles) en saison. Variez les fruits selon vos envies.

Remplacez la brioche par un reste de pain de mie ou d'un autre pain.

Couverture : plat 1 : Constantini/Photocuisine ; plat 4 : Ploton/Photocuisine ; Ploton/Photocuisine ; Marielle/Photocuisine ; Ploton/Photocuisine.

p. 7 : haoliang / E+ / Getty Images ; p. 9: KANGIITALY / Shutterstock ; p. 11 : Studio / Photocuisine ; p. 13 : Gousses de vanille / Photocuisine ; p. 15 : Thys / Photocuisine ; p. 17 : Ploton / Photocuisine ; p. 19 : Nicolas Edwige / Photocuisine ; p. 21 : Nicolas Edwige / Photocuisine ; p. 23 : Deslandes / Photocuisine ; p. 25 : Nicolas Edwige / Photocuisine ; p. 29 : Ploton / Photocuisine ; p. 31 : Ploton / Photocuisine ; p. 33 : BarbaraGoreckaPhotography / Shutterstock ; p. 35 : Karpenkov Denis / Shutterstock ; p. 37 : Manina Hatzimichali / Marmiton ; p. 39 : Ananda Swarupini / Photocuisine ; p. 41 : Photocuisine / StockFood ; p. 43 : Lady Coquillette / Photocuisine ; p. 45 : Constantini / Photocuisine ; p. 47 : zi3000 / Shutterstock ; p. 49 : Nicolas Edwige / Photocuisine ; p. 55 : Amon / Photocuisine ; p. 57 : Thys / Photocuisine ; p. 59 : Thys / Photocuisine ; p. 61 : Syl d AB / Photocuisine ; p. 63 : Thys / Photocuisine ; p. 65 : Nicolas Edwige / Photocuisine ; p. 67 : Presse Partenaire / Photocuisine ; p. 71 : Aubergine Studio / Photocuisine ; p. 73 : Desgages / Photocuisine ; p. 75 : Ploton / Photocuisine ; p. 77 : Ploton / Photocuisine ; p. 79 : Ploton / Photocuisine ; p. 83 : Olha_Afanasieva / iStock / Getty Images Plus ; p. 85 : Ploton / Photocuisine ; p. 87 : MShev / Shutterstock ; p. 89 : Nicolas Edwige / Photocuisine ; p. 91 : Thys / Photocuisine ; p. 93 : Ploton / Photocuisine ; p. 95 : S'Cuiz in / Photocuisine ; p. 97 : Dziegielewska / Photocuisine ; p. 99 : Thys / Photocuisine ; p. 105 : Manina Hatzimichali / Marmiton ; p. 107 : Nicolas Edwige / Photocuisine ; p. 109 : Ploton / Photocuisine ; p. 111 : Chivoret / Photocuisine ; p. 113 : StockFood / Great Stock! ; p. 115 : margouillatphotos / iStock / Getty Images Plus ; p. 119 : Photocuisine / StockFood ; p. 121 : Kershaw / Photocuisine ; p. 123 : Lady Coquillette / Photocuisine ; p. 125 : Marmiton ; p. 127 : Ploton / Photocuisine ; p. 129 : Thys / Photocuisine ; p. 131 : Marmiton ; p. 133 : Ophélie Lequesne / Marmiton ; p. 135 : Langot / Photocuisine ; p. 137 : Marielle / Photocuisine ; p. 139 : Ploton / Photocuisine ; p. 141 : Nadeykina / Photocuisine.

Merci à tous les membres de l'équipe Marmiton et à l'ensemble des marmitons qui, pour notre plus grand bonheur, apportent chaque jour leur pierre à l'édifice de transmission que constitue Marmiton.

Suivi éditorial : Annabelle Roche
Réalisation graphique : Élodie Bourgeois
Collaboration pour la rédaction : Émilie Laraison
Correction : Camille Didelon et Judith Nouvion

Fabrication : Christian Toanen et Nikola Savic

Dépôt légal : mars 2025
ISBN 13 : 978-2-7499-6092-0
LAF3128I
Achevé d'imprimer par Rotolito Romania en Roumanie